Das Buch der Zähren.
Swatower Oden, Wiener Elegien

Wolfgang Kubin

Impressum

4521 Schiedlberg/Austria
Telefon: +43(0)7251-22235
E-Mail: office@bacopa.at, verlag@bacopa.at
www.bacopa-verlag.at

Cover und Illustrationen: Friedrich Zettl

Layout und Satz: Christiana König

Printed in the European Union

ISBN: 978-3-99114-041-2

1. Auflage 2023

Inhalt

Wiener Elegien

Julias neue Pilgerfahrt

Das Wort vor dem Wort

Wenn ich einmal mehr eine Form behaupte, die ich gar nicht streng einhalte, was soll dann ihr Name? Eine Orientierung. Alles muß einen, wenn auch flüchtigen Halt haben, selbst wenn dieser brüchig wird. Ich habe mich in der Vergangenheit bereits an Balladen, Hymnen, Sonetten und weiter an Elegien versucht. Nun nehmen die Oden vorlieb und danach nochmals Elegien? Ja, so scheint es.

Das griechische Wort Ode heißt zunächst nichts anderes als Lied, es war Gesang, ohne Endreim und nach strenger Metrik verfaßt. Ich liebe den Stabreim. Insofern waren und sind eigentlich alle meine Gedichte gereimt, also selbst die, welche mit freien Versen daherschweben. Da bin ich weiter ein alter Germane.

Typisch für die griechische und lateinische Ode ist das Lob bzw. die Besingung von etwas Konkretem. In meinem Fall zum Beispiel der Preis der Bülbüls (Sperlinge) von Swatow. Swatow, so lautet die alte Schreibung für Shantou, der Hafenstadt in Südwestchina, wo ich seit Jahren zuhause bin. Oder zum Beispiel die Rühmung der Bauhinien, der Orchideenbäume (Bauhinia), launisch verbreitet bis nach Hongkong. Diese werfen üppig ihre farbigen Blätter von sich, so daß man auf den Wegen der paradiesischen Universität Shantou fast über sie steigen muß, um bei Regen nicht auszugleiten.

In der chinesischen Literatur mag es für die Besingung der schönen Dinge dieser Welt bereits „Vorläufer“ gegeben haben, denn an den aristokratischen Höfen des Mittelalters (220-960) besangen die Dichter anläßlich von Banketten das Wohl der einzelnen Naturerscheinung.

Hierzu scheint die Elegie als Klagelied in einem Gegensatz zu stehen. Ideal und Wirklichkeit fallen bei ihr bekanntlich auseinander. Wir können das ähnlich bei den *Liedern des Südens* (Chuci) in China sehen. Um 300 v. Chr. beseufzen die Dichter eine Loslösung des Religiösen vom Gesellschaftlichen. Der Philosoph Mo Zi (etwa 479-381) hatte zuvor gemeint, alles Unglück entstehe aus der Vernachlässigung der Götter. Überhaupt soll die Elegie aus Asien nach Griechenland gekommen sein. Auffällig ist jedenfalls die Verwandtschaft der Thematik: Der Wein und der Tod, der Krieg und das Leid, das schwere Grab und des Lebens leichte Kürze. Auch hier spricht man von Friedhofselegien. Doch die sehnlichst erwartete Göttin, ob in Gestalt einer Fee oder in der Form einer Menschin hebt den poetischen Ton.

Die Oden haben hauptsächlich die Vogelgärten der Universität Shantou zum Gegenstand, die Elegien verweilen nicht immer bei Wien, der Hauptstadt der Melancholie. Sie folgen der Traurigkeit der Ströme in den Norden und machen sich am Geschick „junger Mädchenblüte" fest. Ob Drachenfels oder Drachenburg, das Siebengebirge mischte sich begierig ein.

So oder so sind die Texte nicht erdacht, sondern zwischen September 2021 und Pfingsten 2022 aus der leidmütigen Geschichte sowie aus der lebhaften Gegenwart entstanden. Damit erklärt sich manch leichte Ironie. Zum ersten Mal folgen die Gesänge chronologisch aufeinander, sind, so traurig wie übermütig, aus jeweils einem Guß.

Corona war ihr Hintergrund, ob in Shantou Ende des letzten Jahres oder in Bonn Anfang der Zeitenwende erarbeitet. Jede Strophe verlangte ihre tiefe Nacht vor dem zeitigen Morgen.

Dem Verleger Walter Fehlinger ist zu danken, daß er einen Zusammenhang zwischen dem "gewaltigen" Maler Friedrich Zettl in Wien und dem "gewaltigen" Poeten aus Bonn entdeckt hat. Ob der eine oder der andere Künstler, beide stehen unter dem Einfluß des Taoismus und des Zen! So erklärt sich hier die Freundschaft einer neuen heiligen Dreieinigkeit.

Wolfgang Kubin, Pfingsten 2022 in Holzlar am Fuße des Ennert

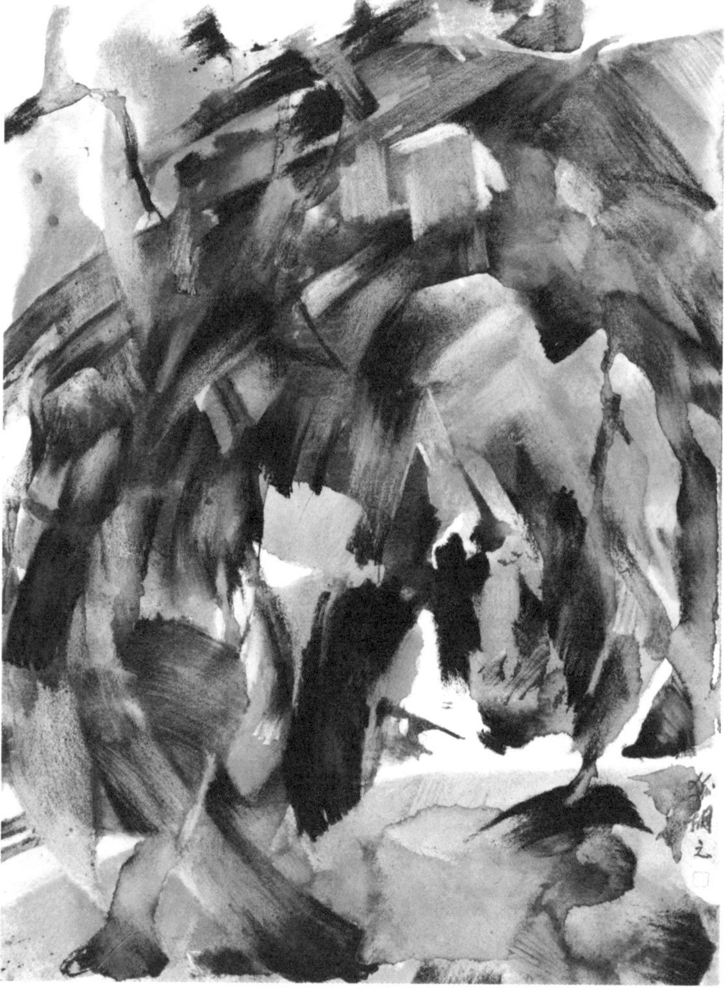

Swatower Oden

Ode auf eine alte Brücke

So finde ich dich nach Jahren wieder, unerwartet
als Fleißbild hinter einer Schaufensterscheibe.
Wir wollen keine Sklaven sein, so war dein erstes Wort.
Nicht anders als Ernst Moritz Arndt am Alten Zoll
und weniger fremd der ferne Schüler Lu Xun

an einem ferneren Gestade. Euch schützte allein der Wille,
kein Wille zur Macht, zur Habe, der Wille zum guten Leben nur.
Ein Petroleumbrenner erlosch an deiner Seite, ein Dreizack ruht.
Machete, Messer und Schwert waren deinesgleichen feile Schneiden
wider Hohlgeschoss, Karabiner und Bajonette an enger Bogenbrücke.

Schützte Mazu etwa die tausend Toten? Fünf Tage, fünf Nächte
zuckten die Sicheln, bis der Gegner den südlichen Steg verließ.
Mit Bananen, Melonen zog er erlegen von dannen,
vergnügt im Anblick von argem Hunger und ärgerem Blutgeschehen,
junge Männer, allemal, gewandet in des Kaisers leibliche Wäsche.

Daheim, ob Mutter, Schwester oder Frau, es scherte sie nicht,
zu nehmen, was des Weibes war, ihre Scham, ihr Brusttuch.
Ein Ding unter Dingen, ob jung oder alt. Sie nannten es
einen gerechten Krieg. Und doch fielen auch sie namenlos,
nicht minder uns zur Trauer. Heute schauten wir vorbei

zufällig, gefällig an der Brücke mit beiläufigem Namen.
Hundert Jahre sind es her, da die Wasser Leichen führten
in den Hafen, in das Südchinesische Meer. Kleine Brücke
sagen wir heute, großer Trost, denken wir morgen,
da das Salz unserer Tränen wir besser beweinen.

Die Hafenstadt Shantou in der chinesischen Provinz Guangdong wurde am 25. Juni 1939 von den Japanern besetzt. Der Stadtteil Chenghai fiel ihnen einen Tag später in die Hände. An der Bogenbrücke aus der Song- bzw. Qing-Zeit kam es am 29. Juni zu einem Gemetzel: Über tausend chinesische Bürger wurden ermordet. Von 700 weiß man heute noch die Namen. Unter Zhang Zhen (1920-1992) erfolgte im Februar 1940 der Gegenangriff, woraufhin die fremden Soldaten abzogen. Heute erinnert eine Gedenkstätte bei der kleinen Südbrücke (Nanqiao) an die Ereignisse von damals. Der Han Jiang fließt hier vorbei, benannt nach dem Großen Essayisten Han Yu (768-824), der als Erzieher in der Region Chaozhou tätig war. Die Seegöttin Mazu wird vor Ort in drei Tempeln verehrt. Hundert Jahre: Die Besetzung Chinas durch Japan erfolgte schon lange vor 1939!
Ernst Moritz Arndt (1769-1860): Ein Denkmal am Alten Zoll von Bonn trägt seine berühmte Weisung wider das Sklaventum. Lu Xun (1881-1936) machte sie sich in Japan zu eigen.

Der Trost und die Frau

Seltsam das Wort Trost und Frau. Seltsam auch das Wort
Trost und Haus. Wer nur mag das eine erfunden, das andere
gefunden haben? Ich stehe an der Südbrücke und bedenke
das Geschick von Sprache und von Land. Was ist eine
Comfort Woman, eine Frau zum Komfort an der Front?

Unaussprechlich ianfu, drei chinesische Zeichen,
japanisch gelesen: i, die Beruhigung, an, der Friede,
fu, die Frau. Der Soldat beruhigt, das Reich befriedet,
und die wehe Frau? Ob acht oder achtzig, ob Berlin
oder Freiburg, ein Bronzemädchen unwillkommen!

Tokios Scham, Tokios Schande sind auch Berliner Scham
und Breisgauer Schande. Nun liegt befriedigt gleichermaßen
das Deutsche Reich, getröstet scheint Nippons Saat!
Hundert Jahre sind täglich ein Tag und ein lästiges Haus.
Frauenhaus, das kennen wir, Trauerhaus ebenso.

Doch warum trauern Opfer stets verborgen? Hundert Jahre,
kein lichter Tag reichte dem Vergessen zum Geschenk.
Ich stehe an der Südbrücke und bedenke das Los
von neuem Wort und kleinem Schatz: Personal für Sonderdienste,
Militärunterhalterin, army prostitute und Sklavin.

Ach, all die Erzählungen, still zugetragen vom Südchinesischen Meer,
vom Han-Fluß, von Mazu, von den ungesprengten Bergen.
Ich gedenke auch eines holländischen Priesters landein
in einem chinesischen Dorf. Eine Lastwagenladung Mädchen
wurde verlangt für eine trostbesessene Soldateska.

Kein Gott sammelte sie ein, keinen Klerus sandte er aus.
Es starb allein der gute Hirte. Ein Bajonett zerbrach an ihm.
Und wir Heutigen betreten weiter Schulen der Folgenlosigkeit,
begründen Akademien des Scheiterns, rühmen uns brav
artistischer Freischüsse und wechselnder Beschlüsse?

Im Zweiten Weltkrieg etablierte die japanische Wehrmacht in Asien, besonders in China und Korea, das System der Sex-Sklavinnen und der sogenannten Trosthäuser. Weibliche Personen zwischen 11 und 29 wurden dutzendweise eingesammelt und verfrachtet, möglicherweise insgesamt 200.000. Berlin und Freiburg hatten zum Gedenken an die Opfer 2020 ein Denkmal errichten wollen. Die japanische Regierung schritt gegen die Statue eines Bronzemädchens ein: Die Beziehungen würden sich verschlechtern.

Chrysanthemen und Schwert

Ich meide Chrysanthemen. Chrysanthemen machen traurig,
trauriger noch in China als in Japan. Ein Schnitt, schon fiel
der Kopf einer Übergangsfrau in den bleichenden Herbst.

Chrysantheme und Schwert. Ja, heute singen sie sakura,
die Landser, als bliebe ihnen nur ein Frühling zersungen.
Kein Trosthaus mehr und keine tröstende Frau, tröstend

den Unterleib einer Militäruniform. So geht
alle Trauer dahin in einem Trauerhaus? Was werden
die letzten Worte sein? Es war Krieg? Welcher Krieg?

Als habe der Krieg am Kriege schuld, So wie der Schnaps
schuldig werde an jeder Flasche. Sie ließen ihre Kinder
zurück, die fliehenden Mächte, sie ließen ihre Sprache zurück:

Du sollst kein Chinesisch sprechen, lerne die Sprache der Schuld.
Was sagten sie, wieder daheim? Es war nur eine Pimmelschlacht
in des Kaisers Unterhosen? Und keine Schwester weint bis heute,

keine Ehefrau klagt: Auch, du, mein Bruder, mein Mann, mein Vater
ließest dich trösten vom Trost eines elfjährigen Mädchens?
Hinterließest deinen Samen in Mund und Händen

einer großen Mutter, als wäre diese gewesen
dein privater Mundkoch? Und rühmst dich daheim
einer siegreichen Wäscheschlacht, des Chrysanthementhrons?

Welche Sprache blieb dem Kind? Die Sprache von Erguß
und Qual? Wer tröstet es, das Mädchen, heute Mutterkraut,
die gute Erde, mitleidlos der Himmel? Und wie verbleiben wir?

Mit Nippons Verbot, der Samenschlacht zu gedenken
in fremdem Unterleib? Stückmeister des Todes die einen,
Schuldner der Schuld die anderen, beide Seiten Beutegänger.

Und wir? Wir proben den nächsten Winter, seine Härte,
seinen Abend, sein ewiges Gesetz: hundert bestückte Soldaten
und eine einzige zitternde Frau aus aller Herren Lande.

Chrysantheme ist die „Nationalblume" in Japan. Daher ist der Thron des Kaisers ein Chrysanthemen-Thron. Die Blume, auch Abendsonne genannt, steht für Unsterblichkeit. Während des Krieges in und gegen China pflegten die militanten Literati Japans, in die Unterhosen des Kaisers gekleidet, die Kunst, einer Übergangsfrau (Trostfrau, s.o.) den Kopf mit dem Schwert so abzuschlagen wie einer Blume die Krone. Dies war ein geselliger Wettkampf. Der Sieger brachte es meist auf sechs Frauen.
Chrysantheme im Deutschen, auch Mutterkraut genannt, zeichnet sich durch Winterhärte aus. Die gute Erde: s. Pearl S. Bucks gleichnamigen Roman (1931).
Der mitleidlose Himmel: s. Laotses Tao Te King (Daode Jing).
Kinder und Sprache: Als das japanische Militär 1945 aus Nordchina abzog, hinterließ es seine leiblichen Kinder. Sie wurden von den chinesischen Bauern großgezogen. Während der Besetzung von Taiwan (1895-1945) hatte die Bevölkerung Japanisch zu lernen, Chinesisch war verboten. Die Alten empfinden daher dort die Sprache der Fremden immer noch als ihre Muttersprache.

An eine früh Verstorbene

An Chuanpiao (1994-2021) in memoriam

Ich sehe dich freudig noch stehen vor der weiten Bibliothek
in einem anderen Herbst. Es sollte dein letzter in seinem Andrang sein.
Da nahte fahrig ein September, der dich holte, heimholte
in sein klareres Licht. Und wo stand ich in meinem letzten Tun?

Ein Telefonat bat um ein Telefonat: Die Tote hob nicht ab.
Es klagte die Schwester: heute morgen um 6 Uhr, ein Tumor,
zu groß für die letzte Stunde. Zu spät für eilige Wünsche
zum Mittherbstfest, zur Gabe des Mondkuchens, zur Schau

des vollen Runds. Zu spät auch für eine barmherzige Sammelbüchse.
Die Erde gab frei dem Würger nach, sie lud die Tränen still zu sich,
um die Dürre des Nordens einmal mehr zu befeuchten.
Wird auch ein hölzerner Mann ewige Dienste bieten

im Hügelgrab, so daß wir, aus dem Süden kommend,
gestehen, viel ist uns nicht geblieben, aber vieles hingesunken
zur Scholle? Zwischen Peking und westlich der Berge?
Täglich streife ich vorüber an den Lettern und lese:

Hüte dich vor dem Wasser, lese auch unter dem Eintrag im April:
Seven Books you must read before you die.
Ach, dein alter *Joy Lucky Club*, er wich dem neuen Hain.
Ein Fremder schmückte in der Ferne den Hausaltar.

Wie wenig Zeit ward ihm bestellt, Gehilfe deiner Freude zu sein.

September: nach dem chinesischen Mondkalender beginnt der Herbst bereits im August. Holzmann: Die heute noch mögliche Erdbestattung auf dem Land erlaubt bei jungen unverheirateten Toten weiter die Beisetzung eines Partners aus Holz. Westlich der Berge: Xi Shan (Westberge) bei Peking. Gemeint ist aber die ursprüngliche Heimat Shanxi. Xiao An (die Junge An) ließ sich in der Hauptstadt untersuchen, starb dann in heimischem Spital. The Joy Lucky Club: Titel eines Romans von Amy Tan, über den die Studentin ihre Magisterarbeit schrieb. Seven Books: Amerikanische Reklame zu besagtem Werk. Lettern: Die Universitätsbibliothek von Shantou ist bekannt für ihre Wasserspiele vor den Toren und ihre philosophischen Zitate an den Innenwänden. Gehilfe der Freude: So bei dem Apostel Paulus im NT, 2. Korinther 1. 24.

Auf ein Totenbild

Uta Ettel (1948-2021) in memoriam

Zuvor entschlief eine andere im Herbst und ferner noch.
Der Tod kam digital, wie alles digital bestellt sein will,
das weiße Laken, die tote Maske, der starre Leib
im letzten Bett. Und auch der Bericht der letzten fünf Tage,

der letzten Stunde letzten Umarmung. Der Monat zuvor
das letzte Bad im Atlantik. Und schon entschieden:
fünf Tage noch, fünf Tage Morphium mit Verstand,
nur einmal die Hände in der Luft, der Himmel schien

zu weit, der Krebs zu nah. Die letzten Worte:
ein schönes Leben. Und am Ende Asche im Meer,
hingesunken auch sie. Einer streuenden Hand verblieben
an Land ein junger Olivenhain und ein altes Tongeschirr.

Hingesunken: Die Germanistin schrieb ihre Magisterarbeit über Heimito von Doderers Strudlhofstiege (1951) und sprach ein Leben lang von diesem Werk. Olivenhain: Sie lebte mit dem Lexikographen Michael Nerlich nach vielen Pekinger Jahren in der Provence. Tongeschirr: Sie hinterließ eine große Sammlung chinesischer Keramik aus der Song-Zeit (960-1279).

Mit Xiao Xiao in den Bergen von Swatow

Da wir den Berg verließen, und keiner wußte den Namen,
da wir den Müll verließen, und jeder wußte den Namen
einer jeden Plastikflasche zu deuten, da erst ward Engels
uns klar: Diese Stadt sei die erste moderne Stadt im alten Reich,

denn sie reime, sie reime nasal, sie reime auf den Buchstaben M.
Im Rücken das Meer, aber wir sahen es nicht. Vor uns der Müll
von Grab zu Grab, da die Moderne fand ihren modrigen Halt.
Und wir inmitten auf der Suche nach dem Reinen Land.

Am Ende des Weges fanden wir das Ende des Weges.
Kein Aufstieg mehr. So kehrten wir um zur Tiefe. Da war
der Hafen, da ein jeder das Land verließ. Mit Rinderbällchen,
mit Fischbällchen für eine andere Welt. Swatow, das war einmal

das Wasser und der Berg. Und unter uns ruhte das Buch
einer ferneren Geschichte, das Buch der gesprengten Berge,
die Sage der sieben roten Tage und der hübschen Ruinen
am unsäglichen Fuße. Karussells drehten sich dort

zum Pläsier der Lebenskralle über uns. Und ich bedachte
deine schlanken Beine, einen alten Mann mit seinem Stock.
Sie entschwanden, wie alles entschwand. Deine Hot Pants
in der Wildnis, die Klöster hinter dem Schilf. Und ich fragte mich,

wo der Gesang verblieben war, den einst wir dankbar hörten
auf der Höhe, da Fleisch und Schnaps keinen Segen fanden,
und wir unbekehrt heimkehrten, das Südchinesische Meer
im Blick, das uns einmal Hafen bot und stolze Ankunft war.

„Sieben Tage rot“ heißt der Landschaftspark hinter der Universität Shantou, zur Erinnerung an die Revolution mit einem Kriegerdenkmal (hier: Lebenskralle) angelegt. Er besteht unterhalb der Bergspitze aus einem stattlichen Gräberfeld, welches völlig vermüllt ist. Im Gebirge befinden ist viele neu errichtete buddhistische Klöster (hier: das Reine Land). Friedrich Engels (1820-1895) erwähnt in seinen Schriften die Stadt Shantou, die nach dem Opiumkrieg (1839-1842) für den Handel geöffnet wurde. Am Fuße wurden nie bezogene, heute verfallende Neubauten errichtet. Ein ganzjährig geöffneter Jahrmarkt hat sich dazwischen geschoben. Zur Dichterin Xiao Xiao s. ihr Werk Der Samen der Hiobsträne (Bacopa 2021). Viele Auslandschinesen in Asien stammen aus Shantou. Kulinarische Spezialitäten der Stadt sind Rinder- und Fischbällchen. Wasser und Berg: Das Zeichen shan in Shantou setzt sich aus dem Radikal Wasser plus dem Zeichen für Berg zusammen. Die Berge vor den Toren der Universität wurden bis vor kurzem täglich als Steinbruch genutzt und mittags wie abends gesprengt.

Zurück zur Brücke im Süden

Heute studierten wir erneut das Vokabular der Vergangenheit:
Schrapnell, Kartätsche, ein Traubenhagel, Schrot und Korn.
Wir fanden Leuchte und Leuchter, eine Funzel und Wanderers Ruh‘.

Zweihundert Jahre hielt der Hafen, da das Meer sich versteckt hielt,
und wir kamen heute erst, zogen vorbei an den Unterständen
für Lauch und Maultaschen, für Ginseng und Schnaps.

Des Samens Söldlinge verließen längst ihre letzte Wacht.
Polder gewähren keine Rückkehr, der Han-Fluß verstopft die Aussicht
auf den nahen Hafen. Vielleicht schauen die Kindeskinder vorbei,

den großen Vater zu suchen, sein Männergewächs wütet heute noch
in meiner schwarzen Kladde. Nicht einfach, andere Wörter zu finden
als Scham und Haar, den einigen Trost im Leben und im Sterben.

Rikschas und Fahrräder suchen derweil Kundschaft so wie einst,
und eine Alte bietet zum Verkauf Ledergürtel an, ausgebreitet:
ein kleiner Lebensunterhalt vor dem Bild meines Schwiegervaters.

Ich kaufe derweil nebenan einen Schluck Aufgesetzten.
So wird das hier schon vor tausend Jahren gewesen sein,
als die Tartaren kamen, den Branntwein brachten zum stillen Trost.

Zur Brücke im Süden s.o. „Nanqiao“. Einig Trost...: s. Heidelberger Katechismus (1563). Tartaren und Branntwein: China wurde im Lauf seiner Geschichte immer wieder von fremden Mächten besetzt. Mit ihnen kam vermutlich der „Schnaps“, etwa seit dem 12. Jahrhundert.

Bauhinia

Warum dieser Gang mit dir in den Herbst,
ist mir nicht schon Herbst genug
erwacht? Warum der weite Weg
mit mir von Hongkong nach Swatow?

Da du fällst im November, eine lila Blüte,
mir zu Füßen, zur Hand das unschuldige Wasser
aus dem Kreise Xi. Guizhou ist so fern,
die Politik ist so nah. Kein Berg

bedrückt mich mehr. Wir reden ungespalten
mit mancher Zunge. Ich denke an den Geistervogel
und höre seinen Geisterruf. Alles kommt spät,
alles komme später zur Nacht. Lila Blüten

im November, wie von einem Dämon über die Erde
gestreut, und ich inmitten, kein Himmel über mir,
der Baum steht leer, und ich setze zusammen
unter mir ein letztes Bild. So ahnen wir,

das warst einmal du, das war einmal ich.

Bauhinia: Emblem von Hongkong seit 1997. Dieser Orchideenbaum sei von dort nach Shantou gelangt, heißt es. Er verliert seine purpurnen Blüten erst zum Herbstende. Xi: Die Provinz Guizhou ist die Heimat des besten chinesischen Schnapses. Beliebt in Shantou ist der Schnaps aus dem Kreis Xishui desselben Namens, der sich auch politisch deuten läßt. Geistervogel: so die volkstümliche Bezeichnung für den „schwarzen Kuckuck" (zaojuan) in den Bergen von Shantou. Nur das Männchen wirkt allerdings schwarz wie die Hauskrähe!

Ode auf eine Glocke

Warum steht es um ihn so schlecht, den Zöllner?
Hat er nicht Laotse zur Sprache gebracht? Und
Konfuzius zum Klöppel des Himmels bestimmt?
Jesus lud ihn zu sich, warum nicht dann auch wir?

Siehe, die Glocke hat noch nicht zwölf geschlagen,
und schon steht eine Wache bereit zum Schutz der Rampe,
ein Spielgerät für die Kinder, ein Fahrdienst
für die alten Dinge, für Wahrheit und Hingebung.

Auch das Neue steht beruhigt, der steinerne
Klapprechner. Die Taste schweigt. Einzig die Bülbüls
wagen einen Laut über dem Wasser. Und wir
passieren täglich die Szene, das heilige Dummerchen

zur Hand. So fühlen wir uns groß wie der kleine Mann
gegenüber im ruhigen Fahrwasser, einen Fingerzeig
im fahlen Gesicht. Wir neiden den Buben die Freude
der Diebe, den Mädchen ihre jungen Zöpfe.

Was uns bleibt ist die Wacht, die Obacht auf die Stimme
vom Band, wenn der Wächter ausbleibt: Hüte dich.
Ist nicht sie auch ein Zöllner auf unserem Weg unter der runden Glocke
zur eckigen Bibliothek, um dort nachzuschlagen, was uns passierte,

mit uns passierte, und wir zuletzt nur hören den Kuckuck zur Nacht?

Glocke: Gegenüber der Bibliothek der Universität Shantou findet sich die Installation „Bell of Truth and Dedication“, deren steil ansteigende Rampe von Kindern gern zum Auflauf benutzt wird. Zum Schutz von Kunst und Leben ist deswegen gegenüber ein Wächterhäuschen errichtet. Zusätzlich warnt eine Stimme. Ursprünglich konnte ein Klapprechner am Boden die hohe Glocke läuten lassen. Da die pausenlose Bedienung durch die Jüngsten den Unterricht störte, wurde er ausgeschaltet. Kleiner Mann: eine Installation nach Art von David und Goliath, die an der Bibliothek im Wasser stehen. Zöllner: Diese Figur spielt bei Laotse, bei Konfuzius und im Neuen Testament eine wichtige Rolle. Heiliges Dummerchen: Name eines vorzüglichen 52%igen chinesischen Schnapses (Xiao Hutu Xian: Kleiner heiliger Wirrkopf). Kuckuck: Die Campus Universität ist ein Vogelparadies mit vielen Arten von Kuckucks, hier der klagende Kuckuck, der Prophet des Verhängnisses.

Tauben in Swatow

Getäuscht hat uns die Taube, hat die Taube uns getäuscht?
Ach, Federico, sie hat uns getäuscht auf unseren Wegen.
Wir waren unterwegs und ahnten das Südchinesische Meer,
wir schafften es nur bis zum See, bis zum Stausee

vor den Toren von Swatow. Da erwarteten uns Tauben
aller Art. Keine großen Seefahrer, eher kleine Gedächtnishändler,
da einst wir hier schwammen im Teich und keine Acht gaben
auf ein Federvieh, das braun dem Auge sich schenkt

und blendend weiß in den Lüften entschwindet. War nicht auch dies
einmal unser trauriges Leben, nie eins zu sein auf unseren Reisen?
Auf Erden dies und dem Himmel das? Warum können wir nicht
ohne Namen gehen und kommen auch? Nur Feder sein wie Ahne?

Und singen in den Tempeln wie an den Schreinen? Wie ein jeder
hier zwischen Tümpel und Becken, der ausholt wie ein Feigenbaum,
um seine Luftwurzeln zu werfen? Ein jeder ein Händler, ein jeder
ein Dörfler, ein jeder bedacht auf den Anblick eines Seidenreihers,

die Farbe unverhökert über leichtem Wasser, unter schwerem Berg.

Taube: Anspielung auf den Vers „Getäuscht hat sich die Taube" von Federico Garcia Lorca (1898-1936). Tore von Swatow: Die Universität Shantou (Swatow) ist eine Garten-Universität in den Bergen. Die drei Wasseranlagen sind ein Vogelparadies. Hier ist die Bergtaube (Streptopelia orientalis) gemeint, ein Zugvogel, der Im Park überwintert. Auf der Erde wirkt er kaffeebraun, in der Luft gänzlich weiß. Auf dem riesigen Campus befinden sich viele alte Banyan-Bäume, die auf ehemalige Dörfer hindeuten. Sie zeichnen sich durch Luftwurzeln aus und sollen Sitz der Geister (Ahnen) sein. Auch Feigenbaum, Bodhi-Baum genannt, geht ihr Name Banyan auf indische Händler (banyas) zurück, die sich unter ihnen zu versammeln pflegten. Der weiße Seidenreiher (bailu), von chinesischen Dichtern viel besungen, bevorzugt vor allem den Stausee. Daselbst ein buddhistischer Tempel. Schrein: In Shantou, ob Laden oder Haus, stehen überall kleine Altäre zur Verehrung hauptsächlich des Gottes namens Reichtum.
Achtung: Tatsächlich handelt es sich hier um den schwarzen Kuckuck (zaojuan), s. die Ode „Bauhinia". Ich habe mich also täuschen lassen!

Miradouro

Waren nicht auch wir einmal Pazifiksegler,
unterwegs zu unbekannten Gewürzinseln?
Heute sitzen wir im Rund und schauen
wie ein Lusitanier aufs verlorene Meer.

Ach, du nahes Macao, du Ama auf dem Felsen,
auch du hegst weiter Sehnsucht nach uns,
die wir einst schauten frei auf die Wasser
und nun geblendet sind von Chip auf Chip,

von einer Gondoliere aus Venedig,
von liebesmüden Damen aus Moskau,
und wir leidmütig sitzen, ja schauen.
Bella Vista sagen wir schon lang nicht mehr.

Wir hocken und bedenken die weiße Stadt,
warum ihre roten Ziegel bei grellem Licht
weiß nur wirken. Ist selbst sie mutig ein Zugvogel,
wo uns, selige Saudade, selig der Pfeffer wächst?

Pazifiksegler, eine Schwalbe, von den Portugiesen auf ihrer Suche nach den Gewürzinseln entdeckt. Ama: Der Name von Macao (auch Macau) leitet sich von Ama Gao, Fels der Göttin Ama her. Bella Vista: ein altes Gebäude in Macao, heute portugiesisches Konsulat. Weiße Stadt: Lissabon, deren rote Ziegel weiß wirken können. Miradouro: Aussichtspunkt mit wehmütigem Blick aufs Meer, das im Kampf um die Seeherrschaft verloren ging, in Lissabon wie in Macao anzutreffen. Saudade: portugiesische Wehmut ob der verlorenen Meere. Macao heute: sechzig Kasinos und Freudenfräulein aus Russland, gestaltet nach Venedig.

Ode auf der Muße Tee

Ein weißes Oval, drei weiße Schälchen,
eine weiße Tasse mit weißem Deckel.
Schon frohlockt der müde Geist:
Wohin mit der Freud? Ja, wohin?

Uns stört nicht der Name Entenschiß,
der Tee schmeckt nach Holz, nach Wald,
schwarz wie die Trauerschwäne
im Teich vor der Tür, lang und dürr,

das Blatt, der Hals. Die weißen Teichrosen
und am Ufer das letzte Lila der Bauhinia.
Es ist Mitte November. Die Milben
haben uns verloren. Uns brennt die Haut

nicht mehr. Schlafend an beredtem Himmel
ist die hohe Glocke stumme Zunge
und lang stummer Zeuge. Sie erklärt uns
unser Wesen neu, so brüchig, so heil.

Auch wir schwangen einmal
in den Lüften, kehrten zurück,
zum Unterholz, zum Blatt, zum See,
lernten freies Wasser feiern

über brüchigem Tee, weich gekocht,
sanft abgeschüttet, aufgegossen wieder
und wieder, zur Freude matter Zungen
und mehr noch allzu matter Geister.

Muße Tee: In der Region Chaoshan (Provinz Guangdong) genießt man gongfucha, den Tee der Muße ganztägig. Zu diesem Zweck gibt es ein bestimmtes Geschirr aus Porzellan wie oben beschrieben. Entenschiß: Name der besten und teuersten Teesorte. Starke, lange, dünne, schwarze Blätter, duftend wie das beste Holz. Freud: s. das genannte Lied von Friedrich Silcher (1789-1860). Trauerschwäne: schwarze Schwäne, 1790 in Australien entdeckt, Symbol des Unvorhergesehenen, an der Universität Shantou inzwischen heimisch. Milben (manchong): unsichtbare Insekten in Shantou, deren Biß kurz höllisch brennt. Glocke: Glocke der Freiheit, s.o. Freies Wasser (kaishui), launige Übersetzung des abgekochten Wassers, welches China vielleicht zur Tang-Zeit (618-907) „erfunden" hat. Geister: s.o. Geistervogel, Geisterruf.

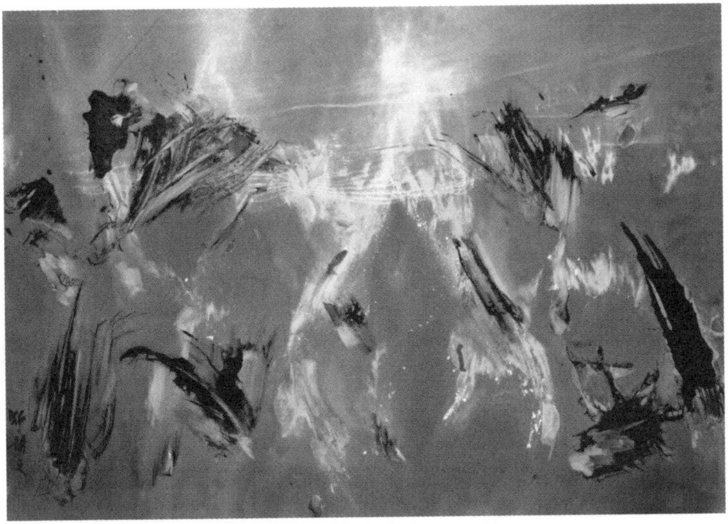

Das gewellte Buch

Was bleibt uns von den Vögeln,
die wir nicht weiter benannten?
Was bleibt uns über dem See?

Ein neuer Schlaf, der müder nur macht,
müder die Müdigkeit, der stille Schlaf
in den müden Wolken, so tief unter uns.

Die Tage, die einst wir lasen,
wir vergaben sie so schnell.
Heiter sind wir gekommen,

aßen Kaki im Mittherbst,
nicht Äpfel wie bald zur Weihnacht.
Wir saßen bei Kiesel und Wasser.

Unsere Kladde tauchte da bald ein,
die Tinte mit all den Namen:
Fliegenschnäpper, Ziegenmelker.

Amsel und Drossel waren uns zu vertraut,
so trauten wir ihnen nicht.
Bülbül erschien uns inzwischen genehm,

und doch ließen wir uns sagen vom Wirt
am Osttor, auch er war nicht mehr als Sperling
oder Nachtigall, er trug, ertrug die letzte Täuschung,

da die Kladde trunken verblieb dem Wasser,
um sich zu spiegeln, wie jede andere Wolke
zum Fall bereit, die Kladde der wahre Dieb.

Die Frau an der Seite, die Frau ohne Uhr

Was sie unschön verschönt, sind fünf flache Geräte,
frei der leichten Hand geschenkt. So jongliert sie
den lieben Tag, führt fünf zitternde Dinge
spielend spazieren. Und doch fragt sie

von Stunde zu Stunde, wie spät es ihm denn sei,
als gäbe es keine andere Auskunft als die
eines lustlosen Renegaten an ihrer Seite.
Sie schreitet voran ohne Zeit und Messer

durch ihr bewegtes Leben, als geschähe
nicht überall weiter seinesgleichen.
Er besteht auf einem neuen Erdensekretariat,
sie erzählt müßig von der netzlosen Zeit

und deren kernlosen Vertretern.
Sie sei nun eine Frau mit Eigenschaften,
der Funk gebiete, vorwärts zu denken,
nicht rückwärts zu leben wie seinesgleichen.

Sie erwarte Lobzettel von ihm. Folglich denkt er
an all den Narrenbrei im Wunschsäckel des Äthers.
Rückzug wäre die wahre Narrenbelehrung.
So zählt er geduldig in seinem letzten Reich

die reichen Haare argloser Haarvögel.

Seinesgleichen, Erdensekretariat, Eigenschaften, kernlos s. Robert Musil: Der Mann ohne Eigenschaften (1930ff). Vorwärts denken s. Sören Kierkegaard (1813-1855). Zum Rückzug als unum necessarium des Philosophierens s. Martin Heidegger (1889-1976). Haarvogel: ein anderer Name für Bülbül.

Eine kleine Variation zur Uhr und zur Zeit

Sie befragt ihn nach der Uhr und nach der Zeit.
Da ahnt er behäbig, selbst sie bedürfe noch
seiner stündlichen Auskunft als Tageswächter.
Das emsige Netz, es schweigt einmal mehr?

Er trägt den Schlüssel, das Geld und die Börse.
Sie trägt, erträgt nichts von alledem, sie eilt
lieber durch die Epochen den eiligen Nachrichten nach.
Er dagegen habe festzuhalten, leider fest nicht die Welt,

unbewegt und fest nur sich selbst,

um noch ein letztes Mal sagen zu können, wie spät es sei
für die Bestimmung des Menschen, für die Grundzüge
des gegenwärtigen Zeitalters, für eine neue Anweisung
zum seligen Leben nach der Kritik aller Offenbarung.

Und die Frau eines trübsinnigen Mannes zur Seite
fragt weiter, wo die Sonne stehe zur Nacht,
fragt nicht nach dem Schlüsselbund,
ob der Notgroschen reiche. Die Frau ohne Zeit in der Zeit

erklärt ihm die liebe Welt den lieben Tag,
gibt sich verzückt als läge Mutter Erde
klarer vor Augen als die erlogenen Meere.
Nur er zögert unmutig und fragt sich endlich,

bin ich Schulknecht oder Schuldknecht gar?

Bandwirker hätte ihm auch gut gestanden,
denn eine jede Armbanduhr bedarf eines Bandes
sowie einer Unruhe. Ob die Setzung des Ich
oder die Stellung der Uhr. Es gehe immer

um die unverzügliche Tat und Handlung.

Der Vater des Philosophen J.H.G. Fichte (1762-1814) war Bandwirker. Der Text versammelt namentlich die bekanntesten Schriften und Vokabeln des deutschen Idealisten. Erlogene Meere, unmutig: s. Goethes „West-östlichen Divan".

Das neue Schenkenbuch

Alles scheide sich nach Wasser und Land,
nach Haus und Dame, nach roter und weißer
Samwurzel. Ich stehe am See und gedenke deiner,
du auf dem Grund, und grundlos ich.

Einst waren wir ein Paar, heute trennen wir uns
nach Landnahme und nach Bodensatz.
Wir besangen gemeinsam die Ahnen,
wir bedurften keiner Tempel, keiner Tripoden.

Wer schenkt mir heute ein, dem Kindermensch.
Ich darf mir nun selber helfen, schneide die Wurzel,
gieße auf und lasse mich warnen vor baldiger Erblindung.
Ach, Seher wollte ich schon immer sein.

Ich sehe den Ginseng den Schnaps heilen
zur Tagesbleiche, wenn ich zum Griffel greife
und meine Wörter zusammensetze. Ein Flachmann zwar,
aber du warst mir die Dame des Hauses,

wenn ich dich an meine gierigen Lippen setzte.

Schenkenbuch: s. Goethes „West-östlichen Divan“. Samwurzel: Ginseng, verwendet, um einen Gesundheitsschnaps in einem großen durchsichtigen Glasbottich aufzusetzen (vgl. Aufgesetzter). Zu großer Genuß soll zu Augenschäden führen. Tempel: Zum Ahnendienst im chinesischen Ahnentempel der hohen Antike gehörte die Libation. Man trank mit den Toten eine Art „Bier“, welches in bronzenen Dreifüßen bereitgestellt wurde. Kindermensch: s. Hermann Hesse: Siddharta (1922). Flachmann: Der Verfasser hat tatsächlich diesen Begleiter am Stausee der Universität Shantou vor Jahren unachtsam einbüßen müssen.

Hier ist noch eine

Jedesmal, wenn ich die Arme strecke,
erscheint vor dem Fenster ein Falter.
Wie hoch mag er noch steigen?
Etwa höher als der Berg vor mir?

Jedesmal, wenn ich das Studio betrete,
höre ich sie rufen: Hier ist noch jemand.
Ihre Augen flattern wie ein Flügelpaar
von einem zum anderen. Ist ein Falter

auch sie? Sie erklärt, es sei wie mit der Hand,
die eine Seite sei Yin, die andere sei Yang.
Und so wendet sie fix ihre Hände,
erhebt sich in die Lüfte und schwirrt davon.

Studio: Das Fitness Zentrum des Akademischen Hauses an der Universität Shantou mit Blick auf einen Höhenzug. Nach dem Buch der Wandlungen (Yijing) ist der Handrücken weiblich (Yin) und der Handteller männlich (Yang).

Die Unaussprechliche

Zum voreiligen Abschied von Frank Gerke (1965-)

Niemand redet gern von ihr,
von der Hose unter der Hose.
Und doch begleitet sie uns
von Tag zu Tag. Ein Hund trägt

seine Scham unbedeckt. Jede Töle
kann an ihr riechen. So gibt es
keine peinlichen Urinflecken.
Und wir? Wenn alt, halten wir

kein Wasser mehr. Wir retten uns
zu keiner Brille. Manche beginnen,
vor der Zeit Windeln zu tragen. Keiner
spricht gern von ihm, vom Sichelmann.

Und doch scheint er ein Erlöser zu sein.
Wir haben ihn gewählt, wie wir
Vater und Mutter wählten,
doch wählten wir nicht unser Los.

Die Wellensittiche werden einsam nun sein,
der Hund wird einen anderen retten. Ach,
wie du sagtest, das Ablecken reicht
nicht weiter aus. Etwas stehe vor der Tür.

Nennen wir es nicht den Tod. Wir tranken
das letzte Bier vor Jahren in der Südstadt.
Der Süden hob uns auf, ausgestreckt vom Boden,
an einem Samstag, da alles dem Sonnentag zuflog.

Wer wird nun für dich einen Altar errichten?

Die Prüderie des ausgehenden 19. Jahrhunderts verbat sich die Nennung der (Unter)Hose, selbst Tischbeine wurden verhängt. Brille: Klobrille. Wahl: Nach antiker chinesischer Auffassung entscheiden sich nicht die Eltern für ihr Kind, sondern umgekehrt sucht sich der Nachwuchs Vater und Mutter aus. Windeln: Nicht nur wegen Prostata, chinesische Touristinnen tragen sie gern auf Reisen. Los: Die chinesische Vorstellung von Schicksal (mingyun) besagt, daß wir unsere Bestimmung (ming) zwar mitbringen, aber dem Geschick von Wandlungen (yun) ausgesetzt sind. Wellensittiche: Der Übersetzer vietnamesischer Sprache und Literatur und Fachmann für amerikanische Popmusik (Elvis Presley) lebt in Saigon mit seinen Vögeln und einem Hund, der ihm einmal durch Lecken aus einer Ohnmacht verhalf. Süden, Südstadt: Bonn, Promotion an der dortigen Universität. Ausgestreckt: wegen Depressionen. Altar: Als er vom Tod der An Chuanpiao (s.o.) erfuhr, errichtete er als gläubiger Christ daheim unbekannterweise einen Altar für sie.

Weißer Lotos und schwarzer Schwan

Wir schreiten von Wasser zu Wasser,
wir lernen schauen. Wenn das Erscheinen
uns nicht mehr erscheint, haben wir
dem Erscheinen zu erscheinen und haben

zu berichten. Vom Schwund der Seerosen,
von der Ankunft der schwarzen Schwäne.
Eine Hütte ward gebaut, eine Hütte
treibend im See und angekettet

wie ein Heuler. Welche Geschichte
wird sie erzählen? Die Geschichte
von den grünen Blättern auf der Leine,
die Geschichte von den weißen Wurzeln

auf dem Tisch? Der Lotos sucht uns nicht,
aber die Schwäne rufen nach uns.
Sie wollen wieder betteln lernen.
Wir aber studieren den gelben Kranich.

Unter seinem Flug höre er das Wasser
zittern, zittern über den Kieselsteinen,
zittern ein letztes Mal. So zittern
wir mit beim Anruf der Berge,

ehe wir ihnen anvertrauen
unser letztes Liebesgut,
unseren stattlichen Leib,
damit Adler ihn für immer holen.

Lotos: Die Blätter werden auf einer Leine getrocknet, die Wurzeln werden gegessen. Erscheinen: s. Nikolaus von Kues (1401-1464). Hütte: mehrfach in der Bibel. Gelber Kranich: Nach taoistischer Auffassung flogen die Elfen (xianren) mit seiner Hilfe gen Himmel. Adler: Himmelsbestattung, nicht nur in Tibet, sondern ebenfalls in zahlreichen chinesischen Regionen, die von Tibetern bewohnt werden.

Seltsame Fragen

Warum ist es dem Lotos gegeben,
das fallende Wasser aus grünem Blatt
ins Wasser so viel tiefer fallen zu lassen?

Ist das Wasser unter ihm
nicht schon naß genug? Warum hat er
das nasse Wasser weiter zu nässen?

Warum ist seine Wurzel rund,
warum weiß und löchrig,
warum ruht nur sie bland uns im Mund?

Ich gebe Sojasoße hinzu, Essig und Chili,
Knoblauch, auch Ingwer. So beginnt
das Fest des Einsamen. Sei auch du

mein Gast im Garten der Einsamkeit.
Du wirst es uns danken, wenn
schwarze Schwäne wieder uns rufen.

Zwischen alter und neuer Akademie

Einst schwammen wir hier und achteten nicht der Gefahr.
Heute stehen wir am Ufer und schauen. Andere gingen vor uns.
Was uns nahte, nahte uns. So schien es. Ein Wunschhütlein,
ein Unstern, und wir griffen zu. Wir suchten die Toten
über den Toten, die tönernen Urnen in den Bergen.

Ein Fußgang war's. Mitte Dezember erst fielen sacht die letzten Blüten
der Bauhinia. Unter uns färbte sich die große Erde, mal lila, mal purpurn.
Seitdem leuchtet wieder rot am Rande Buddhas Zuhause. Wir nahten
dem Tempel einst von der Akademie. Nun wuchtet sich hoch ein Haus
dahinter in die Höhe, ein anderes folgt ihm, als wollten den Himmel sie

ersetzen. Wir ruhten am Wendekreis des Krebses. Alles schien Wende.
Was wandelte sich nicht? Selbst die Verwandlungsgötter wandeln nun
befreit einher. Und die Wandlung? Auch sie ist im Wandel begriffen.
Der weiße Lotos machte den schwarzen Schwänen Platz, der Stein
aus den Bergen übte lang das archaische Lächeln. Und wir?

Wir spürten ein letztes Mal die lauen Winde im müden Haar,
und wir erklärten einander unser Wesen. Was bleibt uns, wenn wir
einander verließen? Nur das Verlassensein? Was blieb uns über dem See?
Der Schritt von Farbe zu Farbe, als wäre das Leben ein Gänsespiel.
62 Felder halten wir besetzt, ach, Meister Goethe.

Kein Ereignisfeld setze uns auf Anfang zurück.

Akademien: Die alte Akademie am Stausee, zwei Wohnheime im Bau, daneben ein buddhistischer Tempel; die neue Akademie findet sich am Osttor. Urnen: Gräberfelder in den Bergen. Krebs: Bei Shantou liegt der Wendekreis des Krebses. Wandlung: s. Das Buch der Wandlung (Yijing). Archaisches Lächeln: Buddha scheint dank erlangter Erlösung zu lächeln. Stein: Die Berge wurden bis vor kurzem täglich gesprengt, um Material u.a. für buddhistische Skulpturen zu gewinnen. Gänsespiel: s. J.W. Goethe: West-östlicher Divan. Ziel des Spiels ist das Erreichen des Gänsegartens (= Paradiesgarten) mit der Nummer 63.

Mobile Dichter

Da sitzen sie im hängenden Garten
des ersten Stockwerks und dienen
dem Handtelephon.

Lesen Verse geschmeidiger sich
vom elektronischen Blatt, gar flinker noch
als der gierige Funkverkehr?
Manchmal fällt ihnen bei alledem
das väterliche Vaterland ein, die mulmige
Muttersprache, ihr neues Rechteck.

Ich frage auf hohem Stuhl, wie lesen wir?
Von Frau zu Frau, von Mann zu Mann?
Und was ist, wenn wir als Bub die Alten vortragen,
als Lebende die Toten deklamieren?
Bei Tag die Nacht, bei Nacht den Tag?

Beleben wir das Tagesgeschäft
oder bitten wir den Nachtreiher zu Gast?
Unsere Stiftshütte, unsere Wundertüte
sind Auge, Stimme, Ohr. Da will manches kurz,
da will manches gebrochen lauten.

Da will manches lange weilen.
Und immer tönt da ein Klingeln, tönt das Piepsen
eines Zeitgeräts, eines Zeugenstandes.
Was nicht alles inzwischen geschah
auf dem Rasen zwischen den Halmen
und auf dem Richterstuhl des Wächters!

Ach, unser neues Schwingopfer,
es befreie von jeglichem Laststein
in der Palmenstadt. Der tägliche Bergfrevel
mag enden, und die ungeheuren Feldgeister
mögen sich gefallen
als neugierige Beisassen
von Rhythmus und Maß.

Zum Titel: Dichterzirkel und -lesungen sind an der Universität Shantou gang und gäbe. Die Texte werden oft vom Mobiltelephon abgelesen. „Vaterland" ist selbst unter der Jugend ein beliebtes Thema. Nachtreiher: zu Gast im großen Park. Rasen: tatsächlich „hängender" Teil der modernen Architektur. Stiftshütte, Schwingopfer, Laststein, Feldgeister, Beisasse, Palmenstadt s. AT. Palmenstadt: Das subtropische Shantou ist voller Palmen. Bergfrevel: die Sprengung der Berge am Stadtrand. Wächter: ein Dozent als Kritiker der Rezitation. Feldgeister: Der Geisterglaube ist in China weit verbreitet, selbst unter streng Gebildeten.

Bitterer Tee

Jeden Morgen gebe ich dich in ein gläsernes Kännchen,
um die Bitterkeit des kommenden Tages aufzugießen.
Nur so scheinst du mich ans Kreuz zu nageln.

Alsbald hadert die Sprache
in blauweißem Porzellan: ein Teeblatt
als bitterer Nagel, als Würfel nicht, als Buschwerk?

Ich beobachte den weißen Abguß,
den grünen Aufguß. Allem ist der Wandel gegeben,
wie er dem Wandel gefällt. Von Grün zu Gelb,

von Purpurn zu Schwarz. Von hartem langen,
dünnen Stengel zu matschigem Blatt.
So sind dir viele Namen eigen: Hülsdorn

oder Winterengel. Du bist von der Art
der Stechpalme und gibst dich tapfer
im Kampf gegen Kopfweh oder Zahnschmerz,

linderst die Hitze des Leibes, verlängerst unser Leben,
schickst heim den garstigen Krebs in sein Lotterbett.
So ist deine Bitterkeit Segen und bleibt mein Kreuz?

Ach, wenn ich dich breche, verspürst auch du
einen Schmerz? So lindern wir der Welten Pein,
du mit deiner Gerbsäure und ich mit meinem Wort?

Die Blätter des Bitteren Tees (Kudingcha) aus SW-China machen getrocknet den Eindruck von einem langen dünnen Nagel (ding). Ihr Strauch wird der Art der Stechpalme (Ilex sinensis) zugeordnet. Symbolisch vertritt diese die Tugend der Tapferkeit. Das chinesische Zeichen für Nagel muß nicht wirklich Nagel meinen, es hat u.a. die Bedeutung von „Würfel“ (z.B. Gemüsewürfel). Der Pharmazeut und Arzt Li Shizhen (1515-1593) hat in seinem berühmten Abriß der Heilmittelkunde (Bencao Gangmu) besagter Pflanze zweihundert Formen heilender Wirkung zugestanden.

In einem kranken Haus

Heute besuchen wir einmal das Leben,
das Krankenhaus Nr. 1 ist so frei.
Wir bringen junges Gemüse vom Markt,
damit die alten Erdentage
noch etwas Frisches zu beißen haben:

Paradeiser sind willkommen, Häuptel
und Weißkraut. So freilich verjüngt sich flink
der wehe Mut. So erscheint der Bedachte
fidel in der Tür, selbst der Rollstuhl findet Gefallen.
Er inspiziert uns heilsfroh durch einen Spalt.

Auch er wird uns einmal ertragen und geleiten.
So dürfen wir nach einander fassen.
Auch er lernt sprechen im Schlafrock, die Glieder schwingen,
Fragen artig beantworten. So erfinden wir gemeinsam
den Sekundenbesuch und trollen uns alsbald.

Kandierter Weißdorn erwartet uns auf der Straße,
ein neues Paar Schuhe, die letzte Bleibe
eines kaiserlichen Bruders. Wir grüßen
Mei Lanfang bei seiner heutigen Aufführung.
Das Leben geht weiter, sagt er.

Welches Leben? frage ich. Schau den Spalt im Himmel,
sagst du. Nicht anders wie vor vierzig Jahren.
Die Pekinger Ente schmecke heute nicht mehr
wie zur Zeit der Jugend. Auch sie sei bettlägerig,
gesättigt gedenke sie der hohen Lüfte gedankenlos.

Krankenhaus Nr. 1: in Peking. Ein Besuch ist momentan wegen Corona nur am Türspalt für wenige Sekunden erlaubt. Drum herum das alte Peking: Das Hofhaus des Bruders von Puyi, des letzten chinesischen Kaisers (1906-1967), das Volkstheater, wo der große Mei Lanfang (1884-1961) einst wirkte. Kinder essen gern im Winter die kandierten Früchte des Weißdornes aus den Bergen von Peking. Spalt im Himmel: Name einer Ausstellung auf Schloß Brühl bei Bonn. Pekinger Ente: früher eine seltene und teure Köstlichkeit, heute beliebtes Allgemeingut.

Bauhinia und Seidenreiher

Noch flickte purpurn die Erde ihr Kleid.
Ich sagte, schau die Dezemberblüte.
Du blicktest nicht auf. Der Baum schien dir zu hoch.
Eine Himmelsleiter. Ach, bestiegen wir ihn doch,
den Himmel und schlössen den Spalt.

Unten auf Erden tritt ein jeder den Purpur
und redet ihn klein. Groß sei die Politik,
der Zank zwischen den Ozeanen,
welcher von beiden der erhabenere sei.
Dein Anzeigefeld kannte keinen Seidenreiher.

Er erhob sich flugs aus meinen niederen Gefilden.

Der Orchideenbaum Bauhinia blüht tatsächlich noch in den Wintern von Shantou, verstreut aber zahlreich seine purpurnen Blüten auf der Erde. Man kann sie kaum aufklauben. Spalt: s.o. Anzeigefeld: neudeutsch „display“. In China nennt man Menschen, die beim Gehen das Handtelephon lesen „ditou zu“ (Gruppe mit gesenktem Kopf). Ozeane: Konflikt zwischen Amerika und China. Seidenreiher: Seit der Tang-Zeit (618-907) Symbol der Reinheit.

Bauhinia. Eine kleine Variation

Am Ende der Zeit achtet auch sie auf keinen Vogel,
sichtet keinen Strauch. Sie liest andere Zeichen.
Sie hat vergessen die Himmelslaterne. An den Wassern von Swatow
weiß sie nichts mehr von den Fischen unter sich.

Es geht hier die Sage, wer Fischaugen esse,
möge im Südchinesischen Meer seine Augen aufblitzen sehen.
So bereite dich für die nächste Mär: Wer lange hier
den Purpur schaut, wird selber zum Purpur.

Wir gehen dahin, neu eingekleidet
und wechseln die Schuhe. Wer wird unser
nächster Herr? Wir denken lieber
an die letzte Herrin unter fallenden Blüten.

Wir stellten einmal unsere Füße auf weiten Raum.

Fischaugen: chinesische Redeweise. Schuhe: Aushilfen zogen im deutschen Mittelalter von Herrn zu Herrn. Beim Abschied bekamen sie ein paar Schuhe, oftmals hinterließen sie ein Liebchen. An neuem Ort fanden sie neues Schuhwerk, neue Liebe. Bereite dich s. J.S. Bach: Weihnachtsoratorium (1734/35). Weiter Raum s. Psalm 31.9 (Du stellst meine Füße auf weiten Raum.)

Bauhinia. Eine Variation der Variation

Auch ich saß einmal an den Wassern von Swatow.
Ich bat: Erbarme dich, schick mir dein Wort.
Ein Fläschchen half nach,
das Gewässer zu überqueren. Wie dankte ich
dem bad, bad Whiskey. Er war mein alter Abwehrzauber
wider deinen neuen Schadenszauber.

Geblieben war mir ein Notgroschen, auszulösen
ein seliges Versöhnungsleiden: Große Politik und kleine Blüte.
Ach, Schönheit, heißt es, sei, was nicht verderbe
im Tod. So nimm denn mein Hundegeld,
wir haben ihn neu zu zeugen, den letzten Gott.

Wasser: s. Psalm 137.1. Erbarme dich: s. J.S. Bach: Matthäus-Passion (1727). Bad Whiskey: ein Jazz-Hit (1950) des Amerikaners Amos Milburn (1927-1980). Versöhnungsleiden: s. G.C. Lichtenberg (1742-1799). Hundegeld: s. hierzu AT, 5. Moses 23.18. In der Antike dienten Tempel mitunter zur Ausübung von Fruchtbarkeitsriten. Die Männer erhielten dafür eine kleine Bezahlung. Letzter Gott: Im Sinne der Gnosis habe der Mensch dem Schöpfer bei der Vollendung der Welt zu helfen, ihn daher neu zu zeugen.

In einem buddhistischen Paradies

Da wir uns erheben hier
über dem Hahnenschrei,
früh zu früh, spät zu spät,
um alles Zerschlagene zu preisen.
So werden auch wir als Geschlagene zu Geschlagenen.
Opfer? Ach, welch müßige Mär.
Wir leben aus uralten Malen.

Wir haben von den Ahnen lang gehört:
Beschrifte deine Steine, schenke sie dem süchtigen Wasser.
Eilige Nachkommen werden bald sie suchen
und Fragmente berühren
zu ihrem Heil.

Einst begrub hier, statt gen Himmel zu fahren,
Lu You einen Kranich. Seine Ode, ach,
sie sank willig in die zögernden Wellen.
So trinken wir denn roten Essig zur gelinden Linderung,
singen mit Li Bai: Suche uns auf, wenn die Elfen,
dir wohl gesonnen, uns zu sich rufen.

Zuvor mag Marco Polo die Bühne betreten,
um zu verlesen seinen letzten Bericht:
Ach, die Pfauenfarm, ach, die weiße Schlange.
Mit einer Feder am Hut nahm er Abschied auf bald.

Jangtse-Insel: in der alten Kaufmannsstadt Zhenjiang (Provinz Jiangsu), die Marco Polo (1254-1324) beschrieb. Sie ist bekannt als buddhistisches Paradies. Viele Dichter und Kaiser hinterließen hier ihre Kalligraphien. Diese wurden, auf Stein gemeißelt, im Wasser versenkt. Lu You (1125-1209) soll hier einen Kranich, Vogel der Unsterblichen, bestattet haben. Roter Essig: Zhenjiang ist bekannt für den besten Essig in China. Er wird dem Reiswein zur Stärkung beigegeben. Daher Trank der Frauen nach der Geburt. Li Bai (701-762) schrieb im Glauben an die Elfen (xianren) einmal sinngemäß: Such mich auf, wenn die Unsterblichen mir gesonnen sind. Vor Ort werden viele Geschichten erzählt, so die Liebesgeschichte von der weißen Schlange. Pfauenfedern: Symbol eines Beamtenranges. Marco Polo soll in Diensten mongolischer Kaiser gewesen sein.

Wiener Elegien

Schloß der Träume

Sentimentale Weisung für Sisi aus Chongqing.

So sind also angelangt auch wir
mit dem Finger auf der Karte
winterlich bei kaiserlicher Gabe?

Der steinerne Gast im Garten verkündet,
die Villa des Boten bleibe gesperrt,
das Bett der Sisi habe erkältet allein zu ruhen.

Wir entnehmen dem Äther so vieles.
Ach, Grillparzer, bist du wirklich froh,
unter uns zu sein auf deinen Wegen?

Sind dies die versprochenen Tage
und versprochen so angenehm,
auch ohne Gnadenstuhl?

Schloß der Träume hieß winters das ferne Ziel,
als wären auch wir wohlgeboren
für einen Schlaf in klammer Bettware.

Laß mich dir bereiten anderswo
eine Wohnung auf Erden,
bis der Brachmond wieder naht.

Liebesperlen stehen lang bereit
aus Kindertagen. Einmal geschaut,
dunkelt kein Blick mehr dem Blick

hinter schwarzen Wintergläsern.

Schloß der Träume: So Kaiserin Sisi zur Hermesvilla (1886) im Lainzer Tiergarten zu Wien. Diese war ein Geschenk von Kaiser Franz-Joseph I, heute ein Museum, im Winter geschlossen. Steinerner Gast: die Skulptur des Hermes (Bote) als „Wächter" davor; s. auch Mozart: Don Giovanni (1787). Bekannte Worte von Franz Grillparzer (1791-1872): Ich freue mich, unter Ihnen zu sein ... angenehm die Tage... (1832). Gnadenstuhl: eigentlich Sitz der göttlichen Trinität.

Die Dame mit dem Fächer

Lüfte deinen Schleier auch du
wie einst zu Sais, ich mag vergangen
am Abend deinen Morgen ahnen.

Greife zum Fächer und bedecke
deine freie Schulter
einem ermatteten Auge.

Heute kam ich nicht
dein junges Brusttuch vermissen.
Ich liebte den fordernden Blick.

Ich schaute zu lang schon
freudlos drein. Einmal wirst du
weiter ablegen, den Fächer,

deine Blöße dem Maler nehmen
und einem anderen versprechen
als letztes Gut.

Dame und Fächer: Das letzte Damenporträt von Gustav Klimt (1917), auf der Staffel hinterlassen. Im Hintergrund der „schönen Wienerin" sind Phönix, Kranich, Fasan und Lotos abgebildet. Sais: s. Isis-Schleier.

Julia in der Hofburg

Warum steht sie so lang
vor dem Reisebesteck?
Was gibt es da zu schauen?

Messer, Gabel, Löffel,
Teller, Tasse und Vitrine
sind doch eines jeden Menschen

feiles Alltagsgeschäft.
Auch ich trage täglich
ein Handbesteck in meinen Beuteln.

Einen Flaschenöffner zum Beispiel,
wenn kein Herrengedeck ansteht,
oder ein Glas mir fehlt.

Ja, dann geht manches unfein zu.
Sie aber möchte so nicht reisen,
lieber umsorgt sein von einer Dienerschaft.

Sie liebe Dessertlöffel und Vorlegegabeln.
Vor allem ein Gabelfrühstück nach alt Wiener Art
stehe ihr zu, wie es sich gehöre.

Ich kann nur einen Blechnapf bieten,
bestenfalls einen Paartopf
mit Henkelbogen und Tonwülsten.

Immerhin einladender noch als ein Eßblech
oder ein Plastikgeschirr. Auch das sei nicht
allerliebst, ihr war schließlich ein Goldlöffel,

ja, mehr noch in die weiche Wiege gelegt.

Reisebesteck. Eine Variation

Warum nur bin ich ihr nicht genug
mit meiner Kalebasse auf Reisen?
Es ist die alte Geschichte,
von Konfuzius oft erzählt.

Reicht denn nicht ein Holzlöffel
der Seligkeit? Ich könne ihr gestohlen bleiben
mit meinem Henkelmann. Le Cirque
du Bonheur sei anderer Art.

Sie halte auf sich in ihrem Reisegewand,
von licht zu leicht, von braun zu brünett.
Ein jedes Tuch comme-il-faut.
Ich aber in meinem Vagabundenkleid

eigne nicht ihrem Wintergesicht.
Sie spricht vom Riesenrad, sie mag Wien
von oben schauen und still betrachten
ein Photo im Portefeuille. Noch mehr Allotria?

frage ich. So taugt sie zu keiner Muse,
wenn Hände nicht ineinanderpassen.
Ich ziehe mit meiner Kelle von dannen.
Sie aber erwartet, daß er herniedersteige,

der Fremde, aus einem Spiegelbild.
Zauberhase sei der werte Name.
Sie hat ihre Bleibe einem Fernsprechamt vermacht.
Ihr letzter Anruf gilt dem Heiligen Geist,

denn ich säße auf keinem Gnadenstuhl.

Konfuzius befürwortete ein schlichtes Leben und pries seine Jünger für die Nutzung einer Kalebasse als Trinkgerät. Le Cirque du Bonheur: Kinderbuch der französischen Malerin Marie-Laure Viriot, welches auf Deutsch Zauberhase heißt. Gnadenstuhl: s.o. „Schloß der Träume".

Schwarzes Band und bloßer Arm

Schon immer verwunderte mich
der schnelle Griff einer Frau
hinterrücks an ihren Schopf.

Ein schwarzes Bändchen verläßt geschwind
den bloßen Arm und fügt das lose Haar
zu einem festen Pferdeschwanz.

Nur ich weiß, wie eine Frau
da aussieht. Ich habe ihr getreulich zu berichten,
von ihrem langen Nacken.

Eigentlich ergriffe ich lieber den Zopf,
statt erregt nur zu schauen.
Beklagte sie den männlichen Blick,

die männliche Hand? Wenn wir
nicht mehr sehen dürfen,
was dem Auge offenbart wird,

wenn wir nicht mehr fassen dürfen,
was bloß liegt,
was begehren wir fürderhin?

Den freien Nabel,
frei selbst im Winter?
Ist keine Rauhnacht etwa

kälter als wir? Sie sagt, sie bedürfe
einer dunkleren Brille,
um betrübter erkennen zu lernen.

Das sprachlose Bild in ihrer Brieftasche?
Leg deine Hand in meine, bitte ich still.
So einfach gehe das nicht,

es erwarte uns kein Heumond mehr.

Zurück im Café Museum

Da sitzt sie wieder, tränenreich und gedenkt
der Schöpfer in der Hofburg. Der Kaffee
habe keinen Nährwert, sagt sie,
in einem Café namens Nihilismus.

Aber ist nicht dies ihr Öffentliches Wohnzimmer,
da ein jeder vorbeischaut, um ihren Nacken auszuspähen?
Einst Kunstledersitzlogen, einst Plüsch,
heute wieder Bugholzsessel und Kugelleuchten.

Da erfreue sich jedwede Tasse
eines querliegenden Löffels
über dem Wasserglas. Selbst dessen Heimat
war einmal eine wohlige Bestecktasche.

Bestimmen wir den geographischen Ort,
machen auch wir ein Besteck auf.
So kann sie nicht entkommen,
unerkannt in einen Kammergarten.

Gold und Silber seien ihr genehm.
Es zieht sie den Hügel hinauf.
Auch sie sei eine tönerne Puppe,
tönern erprobe sie Ornament und Verbrechen.

Schöpfer: Schöpfkelle. Café Museum (1899): heute nach den Vorgaben des Architekten Adolf Loos (1870-1933) wieder eingerichtet (2009). Volkstümliche Bezeichnungen: Café Nihilismus, Öffentliches Wohnzimmer. Kammergarten: Wohnsitz von Prinz Eugen (1663-1736) im Unteren Belvedere (1716) von Wien. Oberes Belvedere (1723): Repräsentationsbau. Gold und Silber: „Der Kuß" von Gustav Klimt daselbst. Tönerne Puppe: Name eines chinesischen Kinderliedes. Ornament und Verbrechen: Kommentar von Adolf Loos zur damaligen Architektur des „Plüsch".

Wiener Melange

Du siehst in mir nur einen anderen von dir gehen,
du siehst nicht meinen Griff zum Donnerkeil.
Sind dies unsere letzten Götterszenen,
da wir Tasse und Teller mit Blitzen netzen?

Ach, wäre ich doch nicht erschienen
zum Handstreich. Knall und Fall
auf unseren Wegen waren mißlich genug.
Doch ein Tränenhang hier am Tisch?

Deine Melange nimmt mit meinem Rührlöffel vorlieb,
das Wasserglas vor mir wäre gern auch der Hort
deiner letzten Geschichten. So sind wir alle gerührt,
verrührt, ergeben unserem Rührwerk,

sehen wir oben die weiße Haube schwinden.
Und unten? Ach, du trägst wieder nichts
drunter und wenig drüber. Ein Pelz soll
dich wärmen. Er ist keiner Blitze kundig.

Auch er wird einmal wieder abgelegt!

Donnerkeil: s. u.a. Zeus, Jupiter, Baal, Götter des Wetters (Blitze). Melange: Wiener Melange (1830): Kaffee, Milch mit geschäumter Haube. In jedem Land anders! Abgelegt: Nach der chinesischen Dichterin Ban Jieyu (Das Fächerblatt), 1. Jh. v. Chr.

Eine Frau wie diese

Sie langweilt sich unter ihrem Zwergenhut,
sie mag ihn verlassen, den gedeckten Kaffeetisch,
sie mag ihn auflegen, den müden Hörer ein ander Mal.

Wir sind entlassen, so oder so.
Frau Welt spricht von ungleicher Gleichheit.
Was will sie mehr als unsere Unterwürfigkeit?

Glasmenagerie stand einst uns gut,
in Glassplittern gebettet. Wir hörten über uns,
das Eßgerät stehe bereit, feil zur Sezierung.

Wir sagten allzu willig ja. Denn uns stünden
nicht an Brustkrebs oder Totaloperation,
die großen Geschehen eines hübschen Alters.

Prostata? Ach, wir verschmerzen gern die unnütze Lust.
Im Handgepäck parat einen Kaffeelöffel, ein Obstmesser.
Das Julfest ist noch weit. Bis dahin habe ein Mann zu gehorchen.

Das kleine Weiße, der schwarze Hut und die rote Schärpe.
Braut und Untergang. Ach, wären wir nur gemacht
wie sie. Wir löckten nicht wider die Not.

Zwölf heilige Monde, ach, sie stünden so fern.

Die Frau und das Zimmer

Sie allein weiß, schicklich sich in Szene zu setzen.
Sie allein weiß noch nicht um das ferne Wissen
eines fernen Mannes, der sagt,
sie allein sei so des Äthers tiefster Teil.

Doch auch er ist nichts als ein Gott der Diebe
in den römischen Ruinen von Bonn und von Wien.
Da luge sie hervor, die arme Seele, luge
aus einem fernen Grund, ferner noch als sein Begehr.

Auch die Wien sei gefangen, gefangen
in einem Kanal, in dem Kanal von Meidling.
Wie soll sie da, verhaftet an eine Hand,
die Wohnung des Zeugnisses verlassen?

Er ist kein Vogler, kein Wäscher,
die Mär vom Paradiesvogel
reicht er weiter nicht mehr.
Sie spricht alt und vorder von Ehre,

da regelt er zögerlich seine Hand
auf ihrem zitternden Leib. Sie weiß
noch nichts vom Himmelsunterschied.
So malt weiter sie eine Tafel auf eine Tafel.

Er aber schenkt dem losen Gestein
Tee und Salz zur Beruhigung der Geister.

Frau / Zimmer: s. fangshu, die chinesische Kunst des (Schlaf)Zimmers, das kosmologische Denken von Himmel, Erde und Mensch. Gott der Diebe / Führer armer Seelen: Hermes. Wohnung des Zeugnisses: Hütte des Stiftes im AT. Verhaften: sich verbindlich machen im AT. Wäscher: Schwätzer im AT. Paradiesvogel: Vogel der Hysterie. Tee und Salz: tibetischer Brauch (Gabe an die Steine zu Gunsten armer Seelen).

Neulich in Schönbrunn

Da steht sie wieder im Großen Parterre
und liest seltsame Wörter auf einer Buchstabiertafel.
So und nicht anders hat sie die Wahl:
Finstere Allee oder Lichte Allee.

Ich empfehle wie einem Kind
den Irrgarten oder das Spielhaus
des Kronprinzen Rudolf,
damit wir nochmals üben lernen
den freien Tod mit geliebter Person.

Sterben müssen wir alle, sagt sich so leicht,
ob im Taubenhaus oder im Wüstenhaus.
Bis dahin vergnügen wir uns
in der Hofbackstube
und schützen uns zuvor im Apothekertrakt.

Auch die Orangerie wird uns winters wohltun.
Wir kommen da ohne Engelsbrunnen aus.
Treibobstfläche, Kübelpflanze:
Wir sind und bleiben daheim, wir brauchen
fürderhin keinen Ehrenhof, keine Wagenburg

vor unserem toten Bett.

Kronprinz Rudolf (1858-1889) und Mary Vetsera (1871-1889) verstarben auf Schloß Mayerling bei Wien von eigener Hand. Der Text bedient sich ansonsten des Vokabulars der Parkanlage von Schloß Schönbrunn.

Auch dies sei ein Bild von ihr

Wie stellen wir uns sie vor,
ja, wie stellen wir die Gnadenfrau
unsereiner vor, die Frau von Ehre,
die ihre Ehre willig vergab?

Ein Hallodri aus Wien versprach ihr
ein paar Brocken Chinesisch,
und schon fiel sie herein, schon fiel
ihr Kleid. Die Gnadenfrau fiel so tief,

nicht tiefer als das zweisame Bild
in ihrem Portemonnaie, das Bild
eines Bildes. Kein Kronprinzengarten
ward ihr beschert, kein Kronprinzenwerk

lag aufgeschlagen. Wir wähnten gern
sie, ja ihn in unserem Spiegelgarten.
Ihr stünde zu ein Leibfiaker,
und wir spendeten vor der Tür

das liebste Sperrgeld. Windiger Hund
käme uns unwillig in den Sinn,
und fern stünde die Gnadenfrau.
Ob Lohnkutscher oder Riemenmeister,

ob Kunstpfeifer oder Natursänger,
ob Nockerl oder Hungerl,
wir erliegen keiner Luftröhrenentartung,
selbst Steine bekämen aus unserer Hand zu essen,

und es wandelte sich das Totenbett zum Lebensaltar.

Der Text folgt der Lebensgeschichte von Kronprinz Rudolf (1858-1889).

Der Ablaut und sein Reim

Sie sei und bleibe
eine Nonne des müden Blicks.
Er sei und bleibe ein wacher Mönch,
der reime ihre Hand auf seine Stund.

Wie finden die beiden dann zur Leere
zurück, vom Ablaut zur Fülle, zum Reim?
Er setzt sich auf ihren weichen Platz,
sie eilt zu seinem harten Sitz.

Dies heißt Perspektivenwechsel,
die geheimen Wünsche bleiben dieselben.
Er sieht sie heimfahren auf dem Rad.
Sie wird sich verspäten, nicht im Tod,

so wie sie nicht erscheinen wird
ein zweites Mal. Sie bat um Kaffee,
er lud zu süßem Mokka und Toffee.

Sie brauche eigentlich nur sich selbst,
daher fürchtet sie seine Hände.
Er fürchtet ihr schwarzes Band im Schopf,
wenn sie fragt: Wie sehe ich aus?

Einmal sind auch sie hier angelandet,
ob Oper oder Bühne,
bei Anis, Eis und Wasser,
so weit ist es also mit ihnen gekommen.

Ablautreim: z. B. Norm / Turm oder Bund / Band. Sei und bleibe: s. ev. Gesangbuch Nr. 445 (Gott des Himmels und der Erden). Leere (xu) und Fülle (shi) Prinzipien der taoistischen Ästhetik. Oper(a) / Bühne: Wechselnder Name eines türkischen Lokals in Bonn. Anis …: türkischer Raki.

Bad, bad Whiskey

Es sprachen der Steine so viele zu mir,
was waren ihre sieben letzten Worte?

Laß mich heimziehen, Whiskey,
zu meinem Hühnerstall und dort
mit dem Federvieh Boogie-Woogie tanzen.

Laß mich denken und trinken,
ich bin kein Taubenkrämer,
kein Hütehund oder Wanderschäfer.

Ich bin an kleinstem Flecken der größte Schluck.
Da bastele ich mir das neue Liederbuch eines Trinkers.
Alles trägt seine Früchte heim,

warum dann nicht auch ich? Es hält mich
nichts mehr an der Wechsler Tischen.
Hier sei mein Tempel, die Lade des Zeugnisses.

Man wird mir schon bereiten
die Kleider, ausgebreitet auf dem Boden.
Den Palmwedel in der Hand,

mag keine Erde mich verhärten.
So segnen unerkannt wir die Zeit.

Zum Text s. NT, Matth. 21. Bad, bad Whiskey, Let me go home, whiskey, Thinking and Drinking, Chicken Shack Boogie: s. den amerikanischen Musiker Amos Milburn (1927-1980). Lade des Zeugnisses: s. AT. Liederbuch: s. Robert Schumanns "Aus dem Liederbuch eines Malers" (1840). Erde verhärten: s. Georg Friedrich Händel (1685-1759).

Auch sie

Auch sie schert allein ihr Handtelephon,
es verlangt sie darob nach süßem Eis
und saurem Apfel. Rebekka wird ihr zu Diensten sein.
Bis dahin zerrt frivol sie an ihrem Bustier.

So wagen wir ein zaghaftes Augengespräch.
Sie aber schaut spaßig sich selbst auf dem Anzeigefeld.
Ob da einer schöner sei, fragt sie zuletzt,
ein Mann auf der Hofgartenwiese.

So erscheinen wir ihr nicht verdienstvoll
genug für einen Dialog. Peking war anders nicht.
Lachend saß sie im Hörsaal
mit Blick auf einen Bildschirm,

der nicht der unsere war.

Hofgartenwiese: vor der Universität Bonn. Rebekka: Name einer Bedienung im Café „Opera“, s.o.

Il distratto

Keine Blüte von diesen mag fallen,
schreiben die Poeten zwischen Tokio
und Wien. Und sie fallen doch,
die Blätter der Magnolie in Bonn.

Frühling sei die traurigste Jahreszeit,
murmeln sie weiter. Das geht schon
seit Jahrhunderten so. Was nur hat Julia
dazu zu sagen? Sie ersteht eine Sonnenbrille

vom Mehrwert unserer Verse. Der spricht ihr eher zu,
da wir zerstreut agieren in unserem Notbehelf
aus Wort und Reim. Wir sind ihr feiles Gelächter,
nicht ihr Bild, nicht ihr scheues Vorbild.

Nur was an einem Bildschirm agiert, reagiert,
findet ihr Wohlgefallen. Wir aber stehen
auf einem alten Blatt Papier und lesen
aus müder Hand. Wir möchten sie rühren,

ehe die letzte Blüte fällt, so tief
in ihren Schoß und wir ihren Spiegel
begraben gehen. Wo er allein ihre Spur war,
da haben wir müßig ihn einst getragen.

Il distratto: der Zerstreute, Beiname der Sinfonie 60 von Joseph Haydn (1774). Blüte: Schlußzeile eines Haiku von Takahama Kyoshi (1874-1959). Traurigste Jahreszeit: so der Salzburger Autor Peter Simon Altmann am 30. März 2022. Spiegel: Der chinesische Photograph Cai Dongdong (geb. 1978) lichtete Spiegel ab, die, von ihm durch die Landschaft getragen, begraben und damit, wie er sagt, gerettet wurden. Spur: Wo du nur eine Spur warst, da habe ich dich getragen, Gedanke eines katholischen Priesters (Morgenandacht WDR III).

Sie nicht

Nein, sie mag nicht spazieren, nein sie nicht.
Sollen also auch wir eine Eselin auslösen
für ihren freien Ritt den Palmwedeln hinterdrein?

So wäre das letzte Evangelium noch nicht verloren?
Doch es verlangt sie nach festerem Fuhrwerk,
nach feinem Kutschbock, nach strammem Hofkutscher.

Ihr Haberer mag sich derweil vergnügen
in einer Stehzelle bei ungesäuertem Brot.
Sie schnüre täglich ihren Leib und täglich

sende sie ihre Lichtbilder frei Haus,
ein Schädeltrotz bei Brotsuppe oder Butterbrot.
Noch genehmer wäre ihr eine Milchsuppe,

bitte gesalzen, ihrer blassen Farbe wegen.
Beim täglichen Geschäft diene bestens
ein Mann als Haushund ihr und ihresgleichen.

Schiene angemessener nicht ein Schoßhund?
Ob auf dem Karmel oder in der Narrenburg,
ihr sei vieles gleich. So wie Schnürleib,

Mieder, Korsett oder Bustier: Alles sei
dieselbe Chose. Ihre Ehre gewinne sie
allemal zurück zwischen Gloriette

und Schönbrunn, derweil
die obachtlosen Schilder wir studieren
auf unseren Wegen von Josef Stalin

bis zu Louis Häfliger in der Rauchgasse vis-à-vis,
denn nimmermehr dulden wir
eine weitere Sachentziehung.

Eselin: s. NT, Matth. 21.2. Evangelium: s. The lost Gospel (Elvis Presley). Schädeltrotz, Narrenburg: s. Adalbert Stifter (1842). (Un)gesäuertes Brot: s. AT. Stalin: In der Schönbrunner Schloßstraße 30 (Wien-Meidling) verfaßte der Diktator 1913 auf Einladung von Lenin seine Schrift „Marxismus und die nationale Frage". Rauchgasse (Wien-Meidling): Hier lebte Louis Häfliger (1904-1993), der „Retter von Mauthausen", zwischen 1954 und 1993 (Nr. 15-17, Stiege 7). Vis-à-vis: Rauchgasse 16, die Meidlinger Bleibe des Autors. Sachentziehung: Die Plakette für Stalin sollte eigentlich auf Antrag entfernt werden.

Julias neue Pilgerfahrt

Der neue Weinberg

Warum nur Karmel überall
zwischen Mayerling und Pützchen?
Sind denn wir Winzer und Winzerin
bei all unseren Wegen?

Seit wann schlafen wir nicht mehr
unter dem Wachholderbaum,
erwarten keinen Boten zu Wasser und zu Brot
vor dem Marsch von vierzig Tagen?

Sind wir uns Wüste nurmehr allein,
ein Opferfleisch unserem Gram,
wählen die Wahl, wählen Jahwe oder Baal,
Brandopfer oder Trockenholz?

Ach, so vieles befiel uns himmelan
zwischen der Wien und dem Rhein,
daß wir nicht mehr ahnten, wer wir waren,
wer wir sind. Bruder Hiob wußte nicht,

wohin mit dem Leid. Er litt am Leiden,
sieben Tage in der Asche, sieben Nächte
in der Klage. Derweil übte ein anderer
seine Passage müßig, so La, la, la, la, la, la.

Karmel: Name eines Berges in Israel, hebr. der Weinberg Gottes. Mayerling: Karmeliterinnen „verwalten" da das traurige Erbe von Kronprinz Rudolf, s.o. Pützchen (Bonn): Das Kloster der Karmeliterinnen wurde 2013 aufgelöst. Wachholderbaum etc.: s. AT Buch der Könige I, Kap. 19-21 (Elia). Ein anderer: s. Iggy Pop: The Passenger (1977).

Die Gäste sind da

Sie, ja sie ißt, sie ißt zu hastig, sie stopft
in sich hinein, was vor ihr steht:
Schweinefleisch süß-sauer, Rindersuppe
und vor allem Tofu, scharf und prickelnd.

Nichts mag sie mehr erregen! Und
ein Mann? Ach, sie umarmt sich liebend selbst,
gewunden auf manchem Stuhl,
ob auf dem Örtchen oder im Freien.

Ein Durchfall halte sie schlank erst recht.
Sie kommt in Schwarz daher und singt:
In Schönheit geht sie wie die Nacht.
„Paint it Black" verlangt da ihr Springtanz.

So macht alles Leiden seinen Sinn,
bevor weinend sie Mutter und Vater anruft
zwischen Donauinsel und Nonnenwerth.
Mein Wien, sein Wien! Ach, die Sage

vom ersten Schnitt. Früher brauchte sie nur
ihren Schopf zu wenden, schon stand
manch Galan parat, rangen die Gönner,
eine Sommerbrille ihr zu schenken.

Nun ist allein der Hunger ihr Gast,
nun versteht sie die Dreifüße der Vorzeit
besser: Taotie murmelt sie, ich bin ein Taotie,
auf himmlischer Reise und satt zuvor.

Die Gäste sind da: Kolaila (eig. Ke lai le), Name eines chinesischen Restaurants in Bonn. Rindersuppe: Hulatang (mit Pfeffer und Chili). Tofu: Mapo Doufu (Tofu scharf). Sie kommt in Schwarz etc.: vgl. „She walks in Beauty" (Lord Byron, 1814), "Paint it black" (Rolling Stones, 1966). Der erste Schnitt: vgl. The First Cut is the Deepest (Cat Stevens, 1967). Taotie: ein Ornament auf den Tripoden des chinesischen Altertums. Ursprünglich ein magisches Wesen, welches zur Himmelfahrt eines Schamanen (= König) einlädt, heute aber für Vielfraß steht.

Drachenschloß und Drachenfels

Sie kommt in schwarzen Puschen daher.
Ist denn der Weiße Sonntag schon vorbei
und lieblich ward der Fels?

Acht Pfund habe sie zugelegt.
Wir fragen uns, wo denn bloß?
Wir sehen nur einen schmalen Nabel,

freie Beine und artige Zehnägel.
Selbst die zerfetzten Hot Pants
würden dem Hausherrn gefallen haben.

Sie achtet auf keinen Flieder,
sie verpasst gar das liebe Besteck im Schloß,
sie schaut nur sich selbst

in den Vitrinen und verlangt
zum lockeren Talgang statt
bravem Esel die alte Zahnradbahn.

Ach, wie ihr das Wassereis beim Einstieg tropfte,
und wie wir eilten mit einer zerknitterten Serviette,
um ihr allzu leichtes Gewand zu retten.

Ort: Königswinter. Weißer Sonntag: der erste Sonntag nach Ostern. Hausherr: der Erbauer (1882-1884) Baron / Freiherr Stephan von Sarter (1833-1902). Sie kommt: s.o. „Die Gäste sind da“ (Lord Byron). Besteck: s.o. „Julia in der Hofburg“. Esel: Symbol von Königswinter, Skulpturen in der ganzen Stadt. Esel trugen früher die Reisenden den Drachenfels hinauf, jetzt ist es die alte Zahnradbahn von 1955.

Julias neue Pilgerfahrt

Wäre nicht selbst sie gerne Braut?
Ein Herr Baron empfinge sie zur hohen Zeit
vor jeglichem Tod, der, wie früh auch immer,
kein zweites Mal zu schenken sich wagte.

Ach, sie lichtet ab eine vergangene Welt.
Lord Byron zog es an Drachen und an Felsen vorüber.
Sein Platz blieb gesichert ihm unter dem Wein.
Andere Knappen mögen kommen und gehen,

andere Knappen auf ihrer Pilgerfahrt,
sie steigen nur um, sie steigen nimmer aus.
Bahnersatzverkehr verlangt die Linie 66
ab Oberdollendorf, als wäre alles Leben

ein brauchbarer Ersatz für Lebenslust.
Die Braut eilte derweil von Photo Atelier
zu Photoshop, von einer Sprache
zum nächsten Versprechen und denkt

an den Jesuiterhof: Wer den Most heute nicht trinkt,
trinkt morgen keinen Wein. Wer gestern nicht freite,
liegt bald in den Fenstern und schaut stumme Schiffe
mit stummen Knappen stumm an sich vorüberziehen.

Thema ist die Drachenburg, hier werden gern Hochzeiten gefeiert. Zur Geschichte s. oben. Lord Byron fuhr per Schiff am Drachenfels vorbei und erwähnt diesen in seinem Opus „Childe Harold's Pilgrimage" (1812). Childe: Knappe. Dem Dichter ist daher ein Platz seines Namens in dem Winzerstädtchen Königswinter geweiht. Zu dem Gedanken von Umstieg statt Ausstieg und zur Lebenslust s. Iggy Pop: Lust For Life (1977) und da den Hit „The Passenger". Jesuiterhof: Gaststätte von 1694 in Königswinter. An der dortigen Hofwand finden sich Verse, die zeitiges Trinken und Küssen empfehlen. Photoshop, auch PS genannt: Retuschierung von Photos zum vorteilhaften Aussehen. Fenster: Nach dem frühen Tod der Braut schaute der Baron lieber von der gegenüberliegenden Rheinseite auf die Drachenburg, statt dort lange zu verweilen.

Die Legende von dem Model J.

Sie malt sich einen roten Kußmund,
sonst küßte ihn sommers keiner.
Sie lüftet ihren flachen Nabel,
sonst begehrte ihn winters nur einer.

So fröstelt niemand an ihrer statt,
so schwitzt niemand vergeblich.
Sie ruft in Meidling laut: Mama, Papa,
ruft: mein Wien, sein Wien, meine Ehre!

Was wird da bloß passiert sein?
Ein Photo weist uns an, ein Photo
in ihrem Beutel. Es tat eine weite Reise,
die Reise von Peking bis an die Donau.

Ein Maul, ein Mann, ja, so war das auch hier.
Ein Auto fuhr vor ihr davon und mit ihm
eine geschönte Last: Botox, OP und PS.
Die rühmt sich seiner Gelder, nicht seiner Neigung.

Ja, die Kimmis beherrschen seine Welt, Glieder
nach fremden Maßen: Beine, Busen, Po.
Trauere nicht, du Donauweibchen, geize
mit deiner natürlichen Natur. Kein Skalpell

wiegt sie auf. Sei und bleibe du ihr Hort.

PS: Photoshop, s.o. Kimmis: a) Kim als Familienname in Korea. Seoul ist die Metropole für Schönheitsoperationen; b) die Ikone Kim Kardashian; c) Pretty Girl Rules the World: Hit des Amerikaners David Lindley (1985). Donauweibchen: Walzer von Johann Strauss Sohn (1887). Sei und bleibe: s. ev. Gesangbuch (Gott des Himmels und der Erden, 1642).

Göttliche Winde

Schlank lautet dreifach ihre Adresse.
Ist ihr Leben denn nichts als Fastenzeit?
Wäre Auferstehung keine glücklichere Wahl?
Wir stünden bereit zur ersten Ölung.

Gern spielten wir ihren Hund
und ließen uns zum Jagen tragen.
Search and destroy, lautete die Losung.
Auch wir sind nur ein gehörig Maß

an frischem Fleisch und an altem Blut.
Sie erfindet neue Abwesenheiten und verabschiedet
sich bei Tisch. Sie eilt, wir sehen sie eilen.
Was treibt sie nur zum Abtritt, ins neue Heiligtum?

Mag es sein ein göttlicher Leibeswind?
Wir jubeln, wenn sie wieder erscheint.
Was mag nur rumoren in ihrem Darm?
Sie hat doch kaum gegessen und schon hockt sie

gekrümmt über ihren zarten Eingeweiden.
Trösten wir sie mit Essig? Mit Karfreitagszauber?
Gewiß sei ihr das Osterlachen, ein Tod,
der sich an ihr gern wieder verschluckt.

Göttliche Winde: vgl. Diogenes' (um 413 v.Chr.) Reaktion auf Platons Theorien. Erste Ölung: vgl. letzte Ölung eines Sterbenden nach katholischem Brauch. Hund: vgl. Iggy Pop (I wanna be your dog, 1969). Search and destroy: s. Iggy Pop (The Idiot, 1977). Essig: wurde Jesus am Kreuz zur Linderung gereicht, nicht zur Qual! Abwesenheit: s. Peter Handkes gleichnamiges Werk (1992). Osterlachen: In katholischen Kirchen war es üblich, die Gläubigen an Ostern anläßlich des Karfreitagszaubers zum Lachen zu bringen, denn der Tod habe sich an Christus verschluckt.

Spazierengehen in Poppelsdorf. Eine prosaische Variation

Ich bringe ihr mit einen Regenschirm, meinen Stadtplan,
ein Lexikon. Sie bringt eine Übersetzung. Verstehen
lautet unser Thema. Verstehen und Stehen,
Verstehen und Recht. Sie verfährt sich mit dem Bus.

Und dann der Test: Stäbchen in die Nase, als hätten wir
stets zwei parate Löcher, zu sonst nichts nutze,
für keinen Atem, keinen Geruch. Als hätten wir nichts
anderes verdient. Die drei Schweinchen sind schlauer,

sie riechen und sehen. Schweinchen Schlau
sei uns ein Vorbild. Ohne Test darf es sich suhlen
im Morast der Welt und frei von Fliegen wandeln.
Schwein sein, Schwein haben, die Krone der Schöpfung.

Ja, Prinzen für die Prinzessin und Gottfried Benn
für die Überdrüssigen, überdrüssig der Wetterlage:
Alles schießt aufeinander. Und sie, sie nestelt
an ihrem Bustier, oben frei, unten nabelfrei.

Schöne Aussichten wie immer. Schöne neue
Farbenlehre. Ganz Schwein, unterscheiden
selbst wir mehr als Schwarz und Weiß. Wir,
wir folgen nicht dem Auge, wir folgen dem Duft.

Verstehen und Stehen: s. meine 102 Sonette (2022), S. 116. Schweinchen Schlau: s. die Geschichte von den drei kleinen Schweinchen in der Welt von Walt Disney (1933). Schwein sein: s. u.a. Die Prinzen: Krone der Schöpfung (2021, nach Gottfries Benn: Der Arzt II, 1917). Schwarz und Weiß: Schweinen wird nachgesagt, keine Farben unterscheiden zu können, sie verließen sich eher auf ihren Geruchssinn als auf ihre Augen. Suhlen: Schweine suhlen sich, um sich vor der Sonne und ihre Haut vor Insekten zu schützen.

Der Autor

Wolfgang Kubin (chin. Gu Bin), geb. 1945 in Celle, arbeitet und lehrt seit 2011 als Senior Professor erst in Peking, nun in Shantou. Neben seiner wissenschaftlichen Tätigkeit übersetzt und schreibt er Lyrik, Essays, Erzählungen. Er hat viele Preise in China und Deutschland gewonnen.

Cover und Illustrationen

Friedrich Zettl (geb. 1954) begann in den frühen 1970er Jahren mit westlicher Malerei. Im Zuge seines Sinologie-Studiums studiert und forschte er zwischen 1978 und 1985 auch an der Akademie in Beijing und verlagerte seinen Schwerpunkt auf Chinesiche Malerei. Seine Dissertation schrieb er über einen Aspekt Chinesischer Malerei. Friedrich Zettl ist Mitglied des Teams des Österreichischen Institutes für China- und Südostasienforschung und tritt immer wieder mit profunden Vorträgen und Publikationen über chinesische Kunst hervor. Webseite: https://zettl.fr/

Bisher im BACOPA Verlag von Wolfgang Kubin erschienen:

Kubin Wolfgang, Das Wasser kocht sich zu Tode. Mein Leben im Abriss. Band 1. Die frühen Jahre (1945-1966)
216 Seiten, 84 s/w Fotos, mit Lesebändchen, geb., Schiedlberg 2021
ISBN: 9783991140078 € 29,80

Kubin Wolfgang, Die Lage ist ausgezeichnet. Mein Leben im Abriss. Band 2. Die Jahre 1966 bis 1976
223 Seiten, 102 Fotos, Briefe usw., mit Lesebändchen, geb., Schiedlberg 2022
ISBN: 9783991140221 € 29,80

Kubin Wolfgang, Und mit Rädern unten dran. Mein Leben im Abriß. Band 3. Die Berliner Jahre 1977-1985
ca. 200 Seiten, zahlreiche Fotos, Briefe usw., mit Lesebändchen, geb., Schiedlberg 2023
ISBN: 9783991140399 € 29,80
Dieser Titel erscheint im Herbst 2023

Kubin Wolfgang, Das Buch der Zähren. Swatower Oden, Wiener Elegien
ca. 96 Seiten, Illustrationen, mit Lesebändchen, geb., Schiedlberg 2023
ISBN: 9783991140412 € 24,80

Kubin Wolfgang, Li Bai 701-762. Der Himmel das Kissen, die Erde zur Decke. Aus der Reihe Chinesische Dichter
ca. 220 Seiten, mit Lesebändchen, geb., Schiedlberg 2023
ISBN: 9783991140245 € 29,80
Dieser Titel erscheint im Sommer 2023

Kubin Wolfgang, Das frühe Werk. Band 1. Der Mann im Zimmer. Gedichte
236 Seiten, zweisprachig Deutsch und Chinesisch, mit Lesebändchen, geb., Schiedlberg 2015
ISBN: 9783902735737 € 19,80

Kubin Wolfgang, Das frühe Werk. Band 2. Abgründige Erleuchtung. Gedichte
136 Seiten, zweisprachig Deutsch und Chinesisch, mit Lesebändchen, geb., Schiedlberg 2015
ISBN: 9783902735744 € 19,80

Kubin Wolfgang, Das frühe Werk. Band 3. Das Gleichgewicht der Unruhe
185 Seiten, zweisprachig Deutsch und Chinesisch, mit Lesebändchen, geb., Schiedlberg 2015
ISBN: 9783902735522 € 14,80

Kubin Wolfgang, Das frühe Werk. Band 4. Die Konstruktion des Affen. Verstreute Schriften. Gedichte
385 Seiten, zweisprachig Deutsch und Chinesisch, mit Lesebändchen, geb., Schiedlberg 2016
ISBN: 9783902735751 € 24,80

Kubin Wolfgang, Wolfgang Kubin, Das gesammelte frühe Werk in vier Bänden. Gedichte
942 Seiten, zweisprachig Deutsch und Chinesisch, mit Lesebändchen, geb., Schiedlberg 2016
ISBN: 9783902735959 € 69,90

Kubin Wolfgang, Was kommt, was bleibt. Ein poetischer Mischsatz. Fotografien von Almond Chu
112 Seiten, 12 s/w Photos, Lesebändchen, geb., Schiedlberg 2018
ISBN: 9783903071506 € 24,80

Kubin Wolfgang (Hrsg.), Nachrichten von der Hauptstadt der Sonne. Moderne chinesische Lyrik 1919 bis 1984
478 Seiten, zweisprachig Deutsch und Chinesisch mit Lesebändchen, geb., Schiedlberg 2015
ISBN: 9783902735515 € 29,00

Kubin Wolfgang, Maria des Weges. Unzeitige Hymnen. Photographien von Ann Mak
160 Seiten, 42 s/w Fotos, Lesebändchen, geb., Schiedlberg 2021
ISBN: 9783903071933 € 24,80

Kubin Wolfgang, Halbzeit einer Liebe. Eine Erzählung
108 Seiten, geb., Schiedlberg 2014
ISBN: 9783902735539 € 12,80

Kubin Wolfgang, Die Geschichte der Schwärze und andere Geschichten
177 Seiten, geb., Schiedlberg 2018
ISBN: 9783903071582 € 19,80

Kubin Wolfgang, Lacrimae mundi. Gedichte
136 Seiten, geb., Schiedlberg 2014
ISBN: 9783902735546 € 12,80

Alle Titel können direkt beim Verlag Tel: +43 (0)7251-22235 bzw. versand@bacopa.at oder in jeder gut sortierten Buchhandlung bestellt werden.